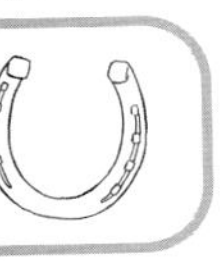

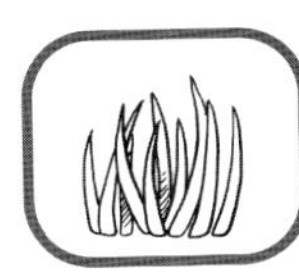

Inhaltsverzeichnis

Vorwort

Liebe Erzieher*innen,

diese Projektmappe nimmt Sie und Ihre Kinder mit in die Welt der Pferde und Ponys. Die Vorfahren unserer wiehernden Vierbeiner zogen schon vor rund 55 Millionen Jahren durch die feuchttropischen Laubwälder in Asien, Europa und Nordamerika. Diese Urpferdchen waren jedoch noch ziemlich klein. Mit 20 bis 30 Zentimetern Schulterhöhe waren sie nicht größer als ein Fuchs. Heute sind die meisten Pferde viel größer, aber immer noch gibt es viele kleine Rassen wie zum Beispiel Shetlandponys. Mit ihnen können bereits Kinder im Kita-Alter schon gut in Kontakt zu Pferden treten.

In dieser Projektmappe lernen die Kinder in vielen Angeboten zum Erzählen, Spielen, Basteln und Bewegen die Lebensweise der Vierbeiner kennen. Spielerisch erkunden sie den Körperbau, die Nahrung und das Verhalten der Pferde und Ponys. Dabei lernen sie auch die Mitglieder der Pferdefamilie und die Pferdesprache kennen. Die Kinder üben das Füttern und Putzen der Vierbeiner und traben selbst als kleine Wildpferde-Herde durch die Steppe. Ein sportliches Pony-Turnier, bei dem alle kleinen Reiter*innen und Ponys mit Siegerschleifen geehrt werden, rundet die Materialien ab.

Vielleicht ergibt sich ja die Möglichkeit, begleitend zu dem Projekt mit den Kindern einen echten Ponyhof zu besuchen. Viele Ställe besitzen Ponys und sind gut auf Besucher*innen im Kita-Alter eingerichtet. Bei den Besuchen im Ponystall steht nicht das Reiten, sondern der spielerische und gleichzeitig verantwortungsbewusste Umgang mit den kleinen Vierbeinern im Vordergrund. Die Kinder lernen, wie sie sich den Ponys nähern, diese streicheln und putzen können. Anschließend wird das Führen der Ponys geübt und auf dem Pferderücken mit kleinen spielerischen Übungen die Balance geschult. Das stärkt das Vertrauen der Kinder und Ponys zueinander, ebenso wie das Selbstvertrauen und die Selbstwahrnehmung der Kinder. Im Umgang mit den Ponys werden evtl. vorhandene Ängste abgebaut. Gleichzeitig wirkt der Kontakt mit den Tieren ungemein entspannend auf die Kinder. Ein Besuch bei den Ponys wird sicher eine tolle Erfahrung für die Kinder, die ihnen noch lange im Gedächtnis bleiben wird!

Ich wünsche Ihnen mit Ihren Kindern viel Spaß bei diesem Projekt!

Teresa Zabori

Hinweis: Liebe Fachkraft, wir möchten in unseren Materialien niemanden benachteiligen oder diskriminieren. Daher nutzen wir unter anderem das Gendersternchen, um alle Geschlechter anzusprechen. Auf Arbeitsblättern für Kinder verzichten wir jedoch aus Gründen der besseren Lesbarkeit darauf und nutzen weiterhin entweder die „neutrale" Form oder Doppelformen. Selbstverständlich sind stets alle Geschlechter gemeint.

Vorbemerkungen

Zu den verwendeten Symbolen

Hauptkategorien:

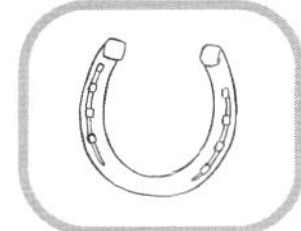
Besuch im Pferdestall

So sieht ein Pferd aus

Die Nahrung der Pferde und Ponys

Die Pferdefamilie

Alles rund ums Reiten

Wir feiern ein Pferde- und Ponyfest

Bildungsbereiche:

 Sprachliche Bildung

 Musikalische Bildung

 Ästhetische Erziehung

 Umwelt-, Sach- und Naturbegegnung

 Gesundheit und Ernährung

 Mathematische Bildung

 Wahrnehmung und Entspannung

 Körpererfahrung und Bewegung

Tipps und Anregungen zu den Angeboten

Die einzelnen Angebote sind nicht nach Bildungsbereichen, sondern nach Themen sortiert. Die farbigen Bildkarten in der Heftmitte können bei verschiedenen Angeboten zum Einsatz kommen. Sie sind auch ein schöner Einstieg in das Thema.

Einrichten einer Pferde- und Ponyecke

Begleitend zu dem Projekt können Sie eine kleine Pferde- und Ponyecke im Gruppenraum einrichten, zum Beispiel mit einem Poster, Kuscheltieren, Spielfiguren, aber auch Bilder- und Sachbüchern rund um Pferde und Ponys. So können sich die Kinder hierhin immer wieder einmal zum Spielen zurückziehen.

Zu „Besuch im Pferdestall", S. 6 – 11:

Dieses Kapitel bietet sich gut zur Vorbereitung auf einen Besuch in einem echten Pferdestall an. In den Angeboten „Im Pferdestall" (s. S. 6) und „Unsere Regeln für den Pferdestall" (s. S. 7) lernen die Kinder, wie sie sich dort richtig verhalten, damit sie sich oder die Vierbeiner nicht gefährden. Vielleicht besitzt das ein oder andere Kind ein großes Stofftierpony oder -pferd, das es der Gruppe zu Übungszwecken zur Verfügung stellen möchte. Dann können Sie daran mit den Kindern auch gut viele Dinge üben. So zum Beispiel, wie man ein Pferd oder Pony füttert (immer nur mit der flachen Hand), umrundet (immer nur von vorne, nie von hinten), die Hufe zum Auskratzen hochhebt oder es striegelt.

Vorbemerkungen

Zu „Die Nahrung der Pferde und Ponys", S. 21 – 23:

In dieses Kapitel können Sie mit einem kleinen Ratespiel einsteigen. Legen Sie einige Dinge in die Kreismitte, die zum Pferdefutter gehören (Apfel, Möhre, Mais, Haferkörner oder Haferflocken, etwas Gras, Heu oder Stroh) und schmuggeln Sie einige „falsche" Lebensmittel darunter (z. B. Zuckerstückchen, eine Scheibe Wurst, ein Stück Käse, etwas Butter etc.). Lassen Sie die Kinder raten: Welche Dinge dürfen die Pferde und Ponys fressen? Welche Dinge nicht?
Sprechen Sie anschließend mit den Kindern auch darüber, dass wir Pferde und Ponys nie einfach so füttern dürfen. Sie bekommen sehr leicht Bauchschmerzen (Koliken) und können sehr krank werden. Das ist für Pferde und Ponys sehr gefährlich. Ehe wir sie füttern, fragen wir deshalb immer die*den Besitzer*in!
Achten Sie bitte auf etwaige **Lebensmittelunverträglichkeiten** bei den Kindern!

Zu „Was fressen Pferde und Ponys?", S. 21 – 22:

Für jüngere Kinder, die motorisch mit der Schere noch nicht so geschickt sind, können Sie die Puzzleteile vorab ausschneiden.

Zu „Stute und Fohlen" S. 26:

Jüngere Kinder können das Bild ganz nach ihren eigenen Vorstellungen anmalen. Älteren Kindern können Sie bestimmte Farben vorgeben, zum Beispiel: △ = gelb, ○ = hellbraun, □ = blau, ☆ = grün.

Literaturtipps zu Pferden

Tipps für eine Bücherecke

- Boehme, Julia et al.: Fabelhafte Pony-Geschichten zum Vorlesen. Carlsen Verlag 2018.
- Erne, Andrea: Wieso? Weshalb? Warum? Alles über Pferde und Ponys. Ravensburger Verlag 2003, Band 21.
- Friese, Inka: tiptoi® Wieso? Weshalb? Warum? Die Welt der Pferde und Ponys. Band 13. Ravensburger Verlag 2017.
- Georg, Anna (Hg.): Meine allerschönsten Pferdegeschichten. Kaufmann Verlag 2021.
- Luhn, Usch: Ein Tag bei den Wildpferden. Lesemaus Band 147. Carlsen Verlag 2019.
- Noa, Sandra: Was ist Was Kindergarten. Ponyhof, Tessloff Verlag 2018.
- Roß, Thea: Wieso? Weshalb? Warum? Das Pony. Ravensburger Verlag 2007, Band 20.

Vorbemerkungen

Pferdewissen – kurz & kompakt

- Der Unterschied zwischen Pferd und Pony liegt in der Schulterhöhe. Bei einer Schulterhöhe bis 1,47 m spricht man von einem Pony und bei einer Schulterhöhe ab 1,48 m von einem Pferd.
- Es gibt über 200 verschiedene Pferderassen auf der Welt. Die kleinsten Rassen werden nur etwa 40 cm hoch, die größten über zwei Meter!
- Pferde teilt man in verschiedene Typen ein: Warmblüter, Kaltblüter, Vollblüter und Ponys. Diese Unterscheidung hat aber nichts mit ihrem Blut zu tun. Vielmehr sind diese Typen durch Züchtungen entstanden.
- Esel und Zebra sind nahe Verwandte des Pferdes.
- Vor rund 5000 Jahren zähmten die Menschen die ersten Wildpferde. Sie wurden zunächst als Last- und Arbeitstiere, später auch als Reittiere genutzt. Viele Jahrtausende lang blieb das Pferd das schnellste Fortbewegungsmittel. Das änderte sich erst mit der Erfindung der Eisenbahn und des Autos im 19. Jahrhundert.
- Bis in die 50er-Jahre hinein wurden Pferde bei uns in Deutschland noch in der Landwirtschaft eingesetzt und vor den Pflug oder den Heuwagen gespannt. Dann wurden sie von Traktoren abgelöst.

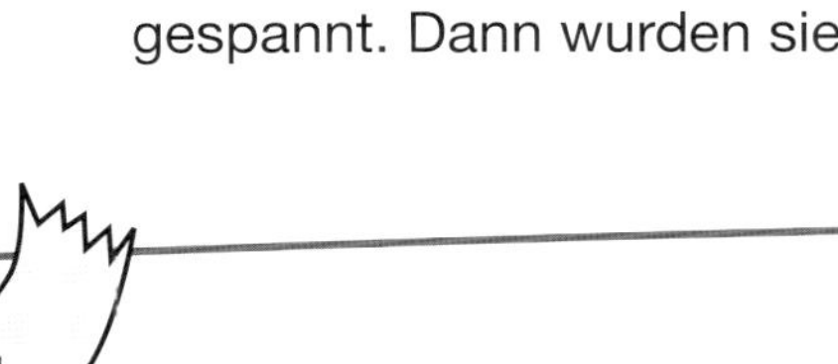

Im Pferdestall

ab 3 Jahren

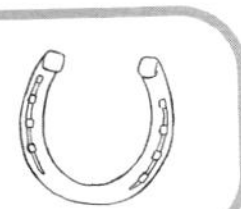

Schaue dir die Bilder an.
Findest du die 5 Unterschiede? Kreise ein.
Male die Bilder bunt an.

Unsere Regeln für den Pferdestall

ab 3 Jahren

Material:

Arbeitsblatt „Im Pferdestall“ (s. S. 6), einige Spielzeug-Ponys und -Figuren

Vorbereitung:

Lassen Sie die Kinder die Fehler auf dem Arbeitsblatt finden.

Arbeitsanleitung:

Besprechen Sie mit den Kindern gemeinsam, wie sie sich im Umgang mit den Pferden verhalten sollten. Erklären Sie ihnen, dass Pferde sehr schreckhaft sind. Gegen Feinde können sie sich in der Natur nicht wehren. Deshalb sind sie immer sehr aufmerksam. Bei lauten Geräuschen oder hektischen Bewegungen ergreifen sie sofort die Flucht. Umso wichtiger ist es, dass wir immer möglichst ruhig mit den Tieren umgehen.

Die wichtigsten Regeln für den Pferdestall sind:

- Pferde erschrecken sich sehr leicht. Deshalb schreien wir nicht und machen keine plötzlichen Bewegungen. Nie laufen oder stehen wir hinter den Pferden, denn sie könnten uns treten.
- Wir gehen immer leicht seitlich von vorne auf die Pferde zu. So können sie uns sehen. Dabei sprechen wir sie freundlich an.
- Wenn wir ein Pferd füttern möchten, fragen wir zuerst die Besitzerin oder den Besitzer. Wir geben dem Pferd das Futter immer nur auf der flachen Hand!
- Wenn das Pferd die Ohren nach hinten legt oder mit den Zähnen schnappt, gehen wir so weit zurück, dass es uns nicht erreichen kann.
- Bürsten, Hufkratzer und andere Dinge räumen wir immer sofort in den Putzkasten zurück. Auch sonst lassen wir nichts auf dem Boden liegen. Die Ponys (oder wir) könnten darauf treten und sich (uns) verletzen.
- Wir setzen uns nur mit einem Helm auf das Pony!

Anschließend können die Kinder den richtigen Umgang mit den Tieren mit Spielzeug-Ponys und -Figuren üben. Dazu kann immer ein Kind allen anderen eine kleine Szene vorspielen. Die übrigen Kinder geben mit dem Daumen ein Zeichen: Daumen nach oben – alles richtig. Daumen nach unten – es hat sich ein Fehler eingeschlichen. Bei Letzterem machen die Kinder Vorschläge: Was sollte die Spielzeug-Figur anders machen?

Dann ist das nächste Kind an der Reihe.

Wie heißen die Dinge?

ab 3 Jahren

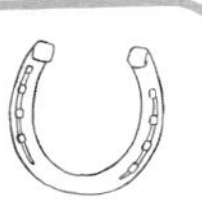

Material:
Kopiervorlage „Wie heißen die Dinge?" (s. S. 9), 1 Schere, Buntstifte, ggf. Tonkarton, ggf. Kleber, ggf. 1 kleine Schachtel

Vorbereitung:
Die Karten werden ausgeschnitten und angemalt.

Spielanleitungen:

- Was gibt es im Stall alles zu entdecken?
  Legen Sie die Bildkarten verdeckt auf einen Stapel. Ein Kind deckt nun die oberste Karte auf. Fragen Sie die Kinder, was hier zu sehen ist. Vielleicht weiß das ein oder andere Kind auch, wozu wir diesen Gegenstand im Pferdestall oder beim Reiten brauchen? Lassen Sie die Kinder erzählen und ergänzen Sie ggf. ihre Erklärungen.

- Was gehört zusammen?
  Wenn alle Karten aufgedeckt sind, können die Kinder sie in verschiedene Gruppen sortieren, zum Beispiel in Dinge, die wir zum Reiten brauchen, oder Gegenstände, mit denen wir das Pferd oder das Pony putzen usw.
  Lassen Sie die Kinder dann die Karten noch einmal an Ort und Stelle umdrehen. Reihum können die Kinder nun immer eine Karte ihrer Wahl aufdecken und benennen. Dabei dürfen andere Kinder natürlich helfen. Je nach Alter und Wissensstand der Kinder können Sie dazu schwierige Karten vorab aussortieren.
  Noch eine Stufe schwieriger ist es, wenn Sie aus den unterschiedlichen Gruppen (Reitkleidung, Putzsachen, Pferdeausrüstung, Futter, rund ums Ausmisten, Pferd und Pony) immer eine Karte heimlich entfernen. Die Kinder schauen sich die verbliebenen Karten an. Kommen sie darauf, welcher Gegenstand fehlt?

- Memo-Spiel
  Wenn Sie die Kopiervorlage doppelt kopieren, anmalen, auf festen Tonkarton kleben und ausschneiden, erhalten Sie ein Memo-Spiel. Die Kinder können es selbstständig spielen. Die Karten lassen sich gut in einer kleinen Schachtel aufbewahren, dann können sie immer wieder zum Einsatz kommen.

- Silben klatschen
  Vorschulkinder können zu den Bildern auch die Silben klatschen. Da viele Wörter recht lang sind, können Sie ihnen eine kleine Hilfestellung geben. Malen Sie dazu unten auf den Karten die Anzahl der Silben mit Punkten auf. Die Kinder können die abgebildeten Dinge benennen und dann anschließend in Silben klatschen – entweder alleine oder gemeinsam in einer Kleingruppe.

Kopiervorlage „Wie heißen die Dinge?"

ab 3 Jahren

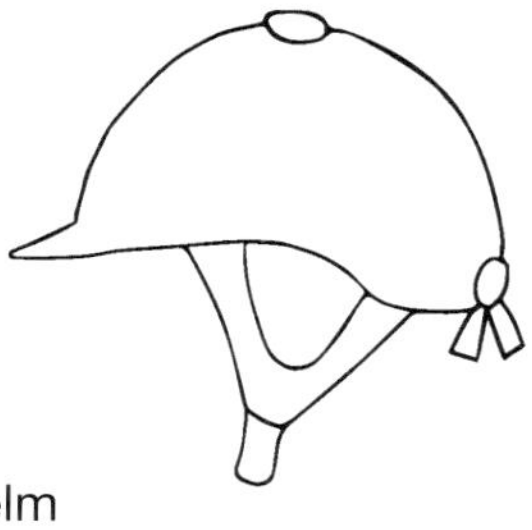

Helm	 Reitstiefel	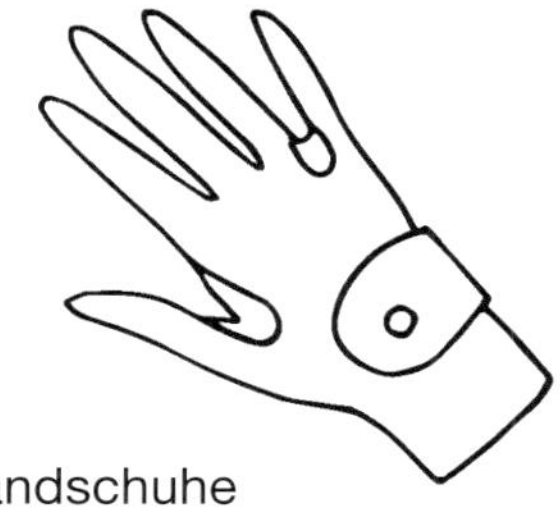 Handschuhe
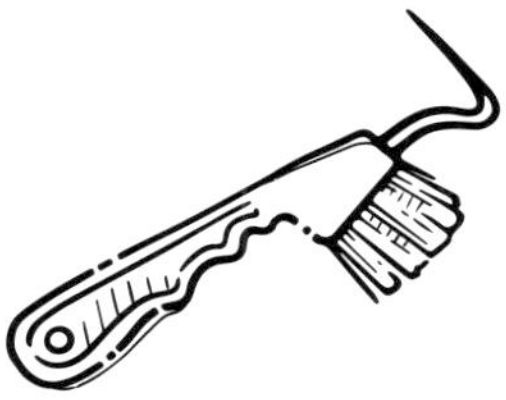 Hufkratzer	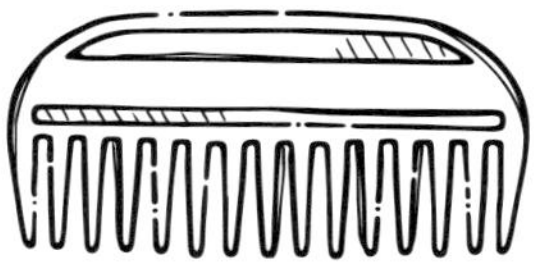 Kamm	 Bürste
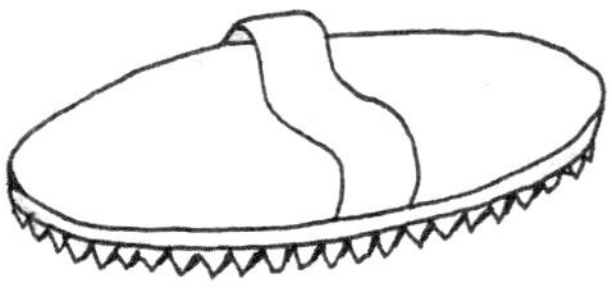 Striegel	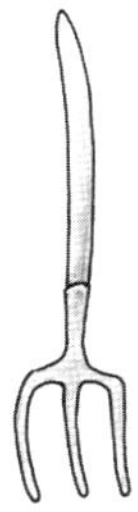 Heugabel	 Pony
 Pferd	 Karotten	 Stroh
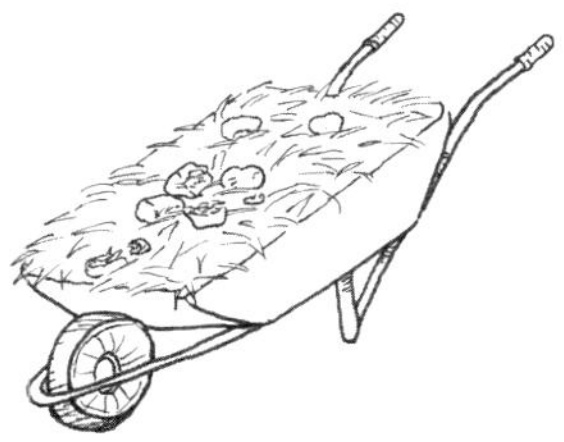 Schubkarre	 Pferdeäpfel	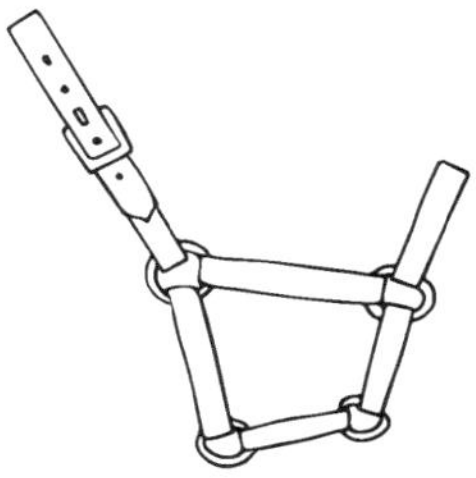 Halfter
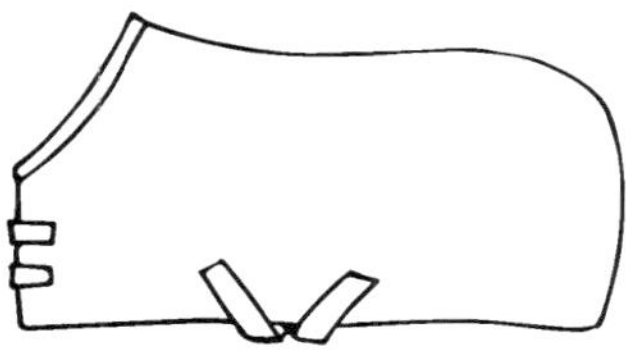 Pferdedecke	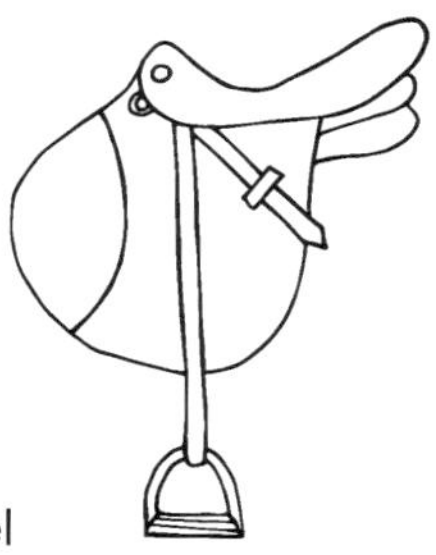 Sattel	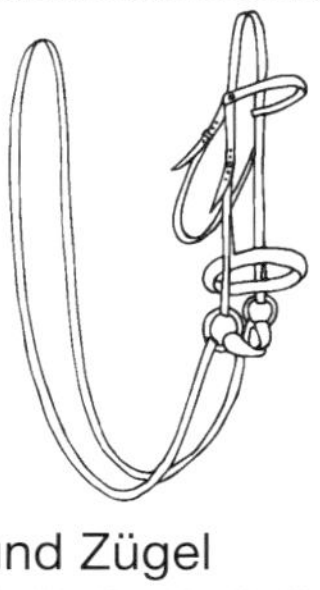 Trense und Zügel

Bei den Ponys zu Besuch (1)

ab 3 Jahren

Material:
Massagegeschichte (s. u.), Matten oder Sitzkissen, evtl. Decken

Vorbereitung:
Für die Massage benötigen Sie einen Raum, der etwas Ruhe bietet. Legen Sie diesen mit Sitzkissen aus.

Anleitung:
Die Kinder finden sich in Paaren zusammen und setzen sich bequem hintereinander, das vordere Kind hat die Beine vor sich ausgestreckt. Erzählen Sie den Kindern, dass sie nun zusammen einen Ausflug in den Ponystall machen werden – in der Fantasie. Lesen Sie den Text vor und machen Sie mit den Kindern gemeinsam die passenden Massagebewegungen dazu. Jedes Kind darf sagen, wenn ihm die Massage zu fest oder unangenehm ist und kein Kind sollte dazu gezwungen werden.
Wer nicht mitmachen möchte, kann der Geschichte als Fantasiereise zuhören.

Wichtig: Immer nur neben der Wirbelsäule massieren!

Text	**Massagebewegung**
Wir wollen nun einen Ausflug zu den Ponys machen. Ah, da ist ja auch schon unser Pony! Wir streicheln es am Kopf.	*Vorsichtig den Kopf streicheln.*
Jetzt fangen wir mit dem Putzen an. Wir nehmen den Striegel aus dem Putzkasten. Mit ihm bürsten wir das Fell des Ponys auf der rechten Seite.	*Kreisende Bewegungen von oben nach unten auf der rechten Seite des Rückens machen.*
Die andere Seite ist dran: Wir kriechen vorne unter dem Hals des Ponys durch und striegeln die linke Seite.	*Vorne um das Kind herumlaufen und wieder dahinter setzen. Kreisende Bewegungen auf der linken Seite machen.*
Als Nächstes bürsten wir das Fell mit der Kardätsche in geraden Strichen, immer mit der Richtung, in die das Fell wächst.	*Von oben nach unten den Rücken hinunterstreichen.*
Das Fell des Ponys glänzt jetzt richtig schön, oder? Nun nehmen wir den Mähnenkamm heraus. Vorsichtig kämmen wir die Mähne des Ponys.	*Vorsichtig über die Haare streichen.*
Zum Schluss sind noch die Hufe an der Reihe. Wir müssen den Mist und kleine Steinchen entfernen. Dazu holen wir den Hufkratzer. Wir stellen uns vorne neben das Pony und lassen unsere Hand langsam am Bein hinabwandern.	*Vorne vor das Kind setzen* *und an den unteren Beinen von den Knien bis zum Fuß entlangstreichen.*

Bei den Ponys zu Besuch (2)

ab 3 Jahren

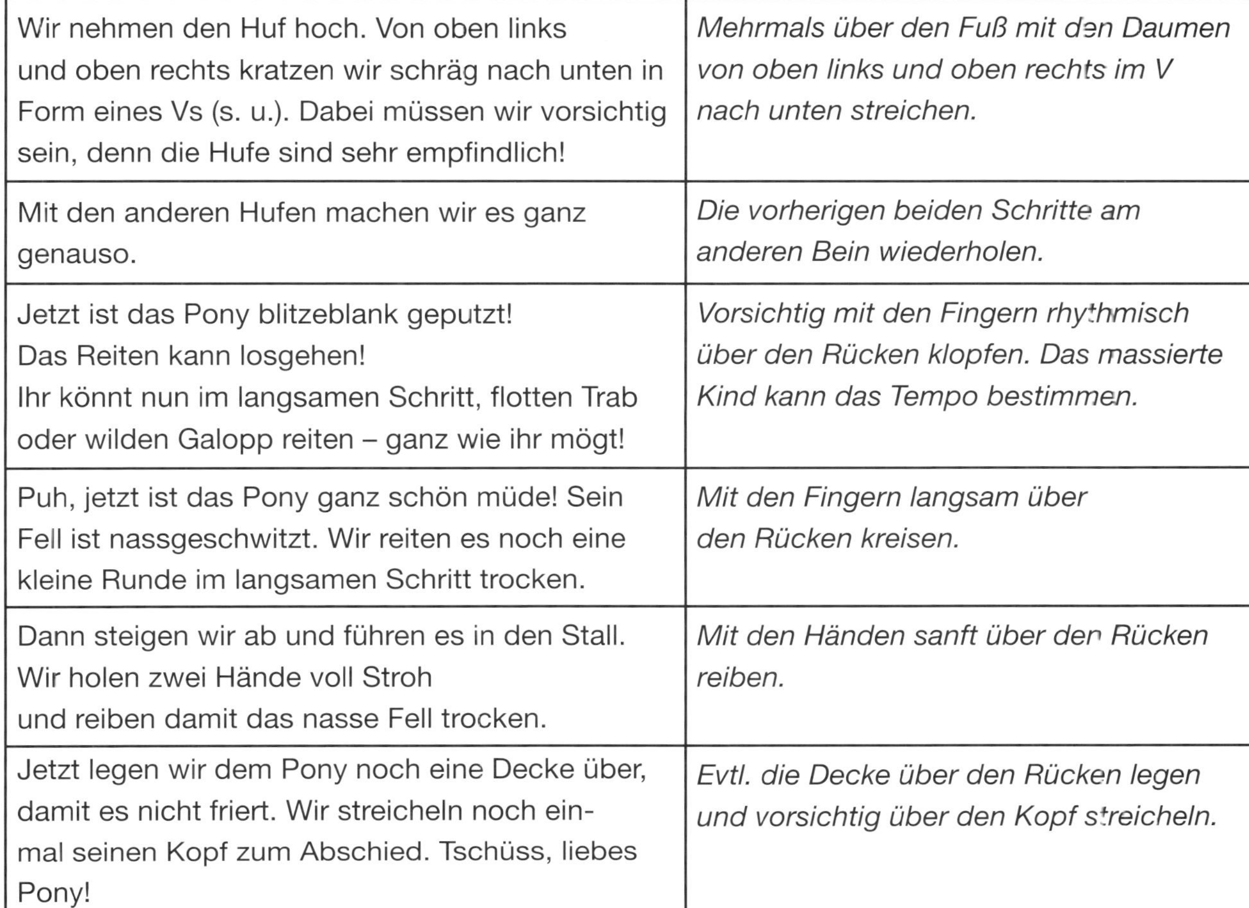

Wir nehmen den Huf hoch. Von oben links und oben rechts kratzen wir schräg nach unten in Form eines Vs (s. u.). Dabei müssen wir vorsichtig sein, denn die Hufe sind sehr empfindlich!	*Mehrmals über den Fuß mit den Daumen von oben links und oben rechts im V nach unten streichen.*
Mit den anderen Hufen machen wir es ganz genauso.	*Die vorherigen beiden Schritte am anderen Bein wiederholen.*
Jetzt ist das Pony blitzeblank geputzt! Das Reiten kann losgehen! Ihr könnt nun im langsamen Schritt, flotten Trab oder wilden Galopp reiten – ganz wie ihr mögt!	*Vorsichtig mit den Fingern rhythmisch über den Rücken klopfen. Das massierte Kind kann das Tempo bestimmen.*
Puh, jetzt ist das Pony ganz schön müde! Sein Fell ist nassgeschwitzt. Wir reiten es noch eine kleine Runde im langsamen Schritt trocken.	*Mit den Fingern langsam über den Rücken kreisen.*
Dann steigen wir ab und führen es in den Stall. Wir holen zwei Hände voll Stroh und reiben damit das nasse Fell trocken.	*Mit den Händen sanft über den Rücken reiben.*
Jetzt legen wir dem Pony noch eine Decke über, damit es nicht friert. Wir streicheln noch einmal seinen Kopf zum Abschied. Tschüss, liebes Pony!	*Evtl. die Decke über den Rücken legen und vorsichtig über den Kopf streicheln.*

Wenn Sie die Geschichte einmal gelesen haben, tauschen die Kinder ihre Plätze und das andere Kind bekommt eine Massage.

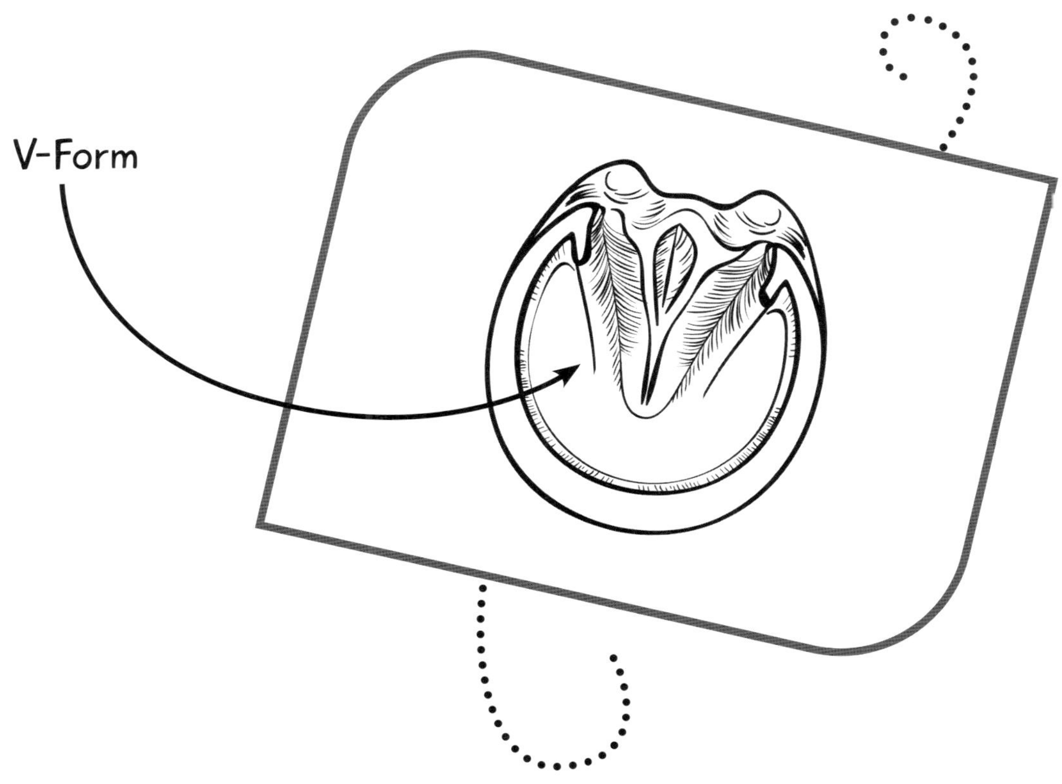

Wie sehen Pferde aus?

ab 2 Jahren

Material:
Kopiervorlage „Pferd“ (s. S. 13), farbige Bildkarten aus der Heftmitte,
1 Schere, ggf. 1 kleine Glocke

Vorbereitung:
Kopieren Sie die Vorlage „Pferd“ hoch und schneiden Sie die Bildkarten aus.

Arbeitsanleitung:
Lassen Sie die Kinder zunächst erzählen, was sie von Pferden alles wissen. Legen Sie dann die Kopiervorlage „Pferd“ in die Mitte. Lenken Sie das Gespräch auf den Körperbau des Pferdes und fragen Sie die Kinder:

- „Welche Körperteile kennt ihr?“
- „Wie viele Beine hat das Pferd?“
- „Wie heißen die langen Haare?“ (Mähne und Schweif)
- „Wie heißt der Fleck auf dem Pferdekopf?“ (Blesse)
- „Und wie heißen die Füße?“ (Hufe)
- „Wozu braucht das Pferd wohl die langen Beine?“
- …

Lassen Sie die Kinder dann die Bildkarten anschauen und spontan ihre Gedanken dazu äußern. Welche Gemeinsamkeiten können sie bei den Pferden entdecken? Finden sie die einzelnen Körpermerkmale wieder? Und wo gibt es Unterschiede? Entdecken die Kinder auch die Fohlen? Wie unterscheiden sie sich von den erwachsenen Pferden?
Anschließend können die Kinder die Pferde auf den Bildkarten nach ihren Farben sortieren. Besprechen Sie vorab gemeinsam, wie die Pferdefarben heißen (s. Textkarten) und zeigen Sie ihnen dazu die passenden Bildkarten.
Verteilen Sie für jede Fellfarbe eine Bildkarte im Raum und erzählen Sie den Kindern, dass sie nun munter als Pferde über die Weide traben sollen. Klingeln Sie dann mit der Glocke und rufen Sie eine Farbe – zum Beispiel „Schimmel!“ Nun müssen die Kinder möglichst schnell zur richtigen Karte „galoppieren“.
Machen Sie mehrere Durchgänge, damit die Kinder die Pferdefarben gut verinnerlichen.

weißes Pferd: **Schimmel**	schwarzes Pferd: **Rappe**	geschecktes Fell: **Schecke**
braunes Fell, dunkle Mähne und Schweif: **Brauner**	weiß-hellbraunes Fell: **Falbe**	Fell, Mähne und Schweif hellbraun/rötlich: **Fuchs**

Kopiervorlage „Pferd"

ab 2 Jahren

bitte hochkopieren

ab 3 Jahren

Kopiervorlage „Wie fühlen sich die Pferde?"

aufmerksam und freundlich	aufgeregt
Ich mag das nicht!	müde

Die Pferde-Sprache

ab 3 Jahren

Material:
Kopiervorlage „Wie fühlen sich die Pferde?“ (s. S. 13), Smartphone

Vorbereitung:
Schneiden Sie die Bildkarten von der Kopiervorlage aus.

Spielanleitung:
Versammeln Sie die Kinder im Kreis. Spielen Sie ihnen einige Pferdegeräusche wie Wiehern oder Schnauben aus dem Internet vor (z. B. *von www.youtube.de*). Lassen Sie die Kinder versuchen, die Pferde-Sprache nachzumachen. Gelingt es ihnen? Gerade das Schnauben ist für uns Menschen ganz schön schwierig!
Fragen Sie dann: „Warum machen die Pferde diese Geräusche?“
Sicher werden die Kinder antworten, dass die Pferde sich durch das Wiehern und Schnauben miteinander unterhalten. Aber Pferde haben keine Sprache wie wir. Es gibt also nicht viele tausend Wörter in einer Wieher- oder Schnaub-Sprache wie bei uns Menschen. Vielmehr verständigen sich Pferde vor allem mit ihrer Körperhaltung. Durch ihre Bewegungen zeigen sie anderen Pferden und auch uns Menschen, wie es ihnen geht. Für uns ist es wichtig zu wissen, wie sich ein Pferd fühlt. Denn daran erkennen wir zum Beispiel, ob es von uns gestreichelt werden möchte oder ob wir es lieber in Ruhe lassen sollten.
Legen Sie nun nacheinander die Bildkarten in den Kreis. Schauen Sie sich diese gemeinsam an und lassen Sie die Kinder erzählen:

- „Wie fühlt sich das Pferd wohl?“
- „Woran erkennen wir das?“
- „Wie sollten wir uns in der Nähe von diesem Pferd verhalten?“

Anschließend können Sie ein Kind heimlich eine Karte anschauen und wieder unter die anderen Karten mischen lassen. Das Kind stellt pantomimisch dar, wie sich das Pferd fühlt. Finden die anderen Kinder die passende Karte?

Sachinformationen für die Erzieherin:

- **Bild 1:** Wenn das Pferd die Ohren nach vorne richtet, ist es aufmerksam und freundlich. Es kann gerne gestreichelt werden.
- **Bild 2:** Dieses Pferd ist nervös und aufgeregt. Die Ohren sind aufgestellt und der Körper angespannt. Wir sollten uns ruhig verhalten, Abstand wahren und aus der Ferne schauen, ob es sich beruhigt.
- **Bild 3:** Indem das Pferd die Ohren nach hinten legt, die Nase nach vorne schiebt und vielleicht sogar die Zähne zeigt oder schnappt, zeigt es, dass ihm etwas nicht gefällt. Wir sollten sofort auf Abstand gehen.
- **Bild 4:** Dieses Pferd ist müde und entspannt.

Pony-Ohren basteln

ab 2 Jahren

Material:
Kopiervorlage „Pony-Ohren“ (s. u.), Pappe für die Schablonen, Schere, Bleistift, Tonpapier in Braun, Schwarz oder Weiß, Tonpapier in Orange oder Rosa, 1 Haarreif pro Kind, Kleber, Tacker, Maßband, Stoff oder Filz in Braun, Schwarz oder Weiß

Vorbereitung:
Stellen Sie für die Kinder mit Hilfe der Kopiervorlage Schablonen aus Pappe her.

Bastelanleitung:

1. Die Kinder malen die Umrisse der Ohren mit Bleistift zweimal auf braunes, schwarzes oder weißes Tonpapier und schneiden sie aus.
2. Als Nächstes werden die beiden Innenteile der Ohren aus rosafarbenem oder orangefarbenem Tonpapier ausgeschnitten und auf die Ohren geklebt.
3. Jedes Ohr wird in der Mitte gefaltet und um den Haarreifen gelegt. Die Kinder bestreichen die Innenseiten mit Kleber und kleben sie aneinander fest. Tackern Sie die Ohren unten zusammen, damit sie besser halten.
4. Messen Sie nun bei den Kindern, wie groß der Abstand zwischen den beiden Ohren ist. In der entsprechenden Breite wird ein Stück Stoff oder Filz ausgeschnitten. Dieses sollte so lang sein, dass es den Kindern etwa bis zu den Augen reicht.
5. Schlagen Sie den Stoff nun an einem Ende um den Haarreifen um und tackern sie ihn fest.
6. Jetzt können die Kinder die Fransen für die Mähne hineinschneiden. **Achtung:** Dabei sollte oben ein Streifen von mindestens zwei bis drei Zentimetern stehen bleiben.

Jetzt können die Kinder die Haarreifen aufsetzen – und schwupps, schon haben sie sich in kleine Ponys verwandelt!

Kopiervorlage „Pony-Ohren“

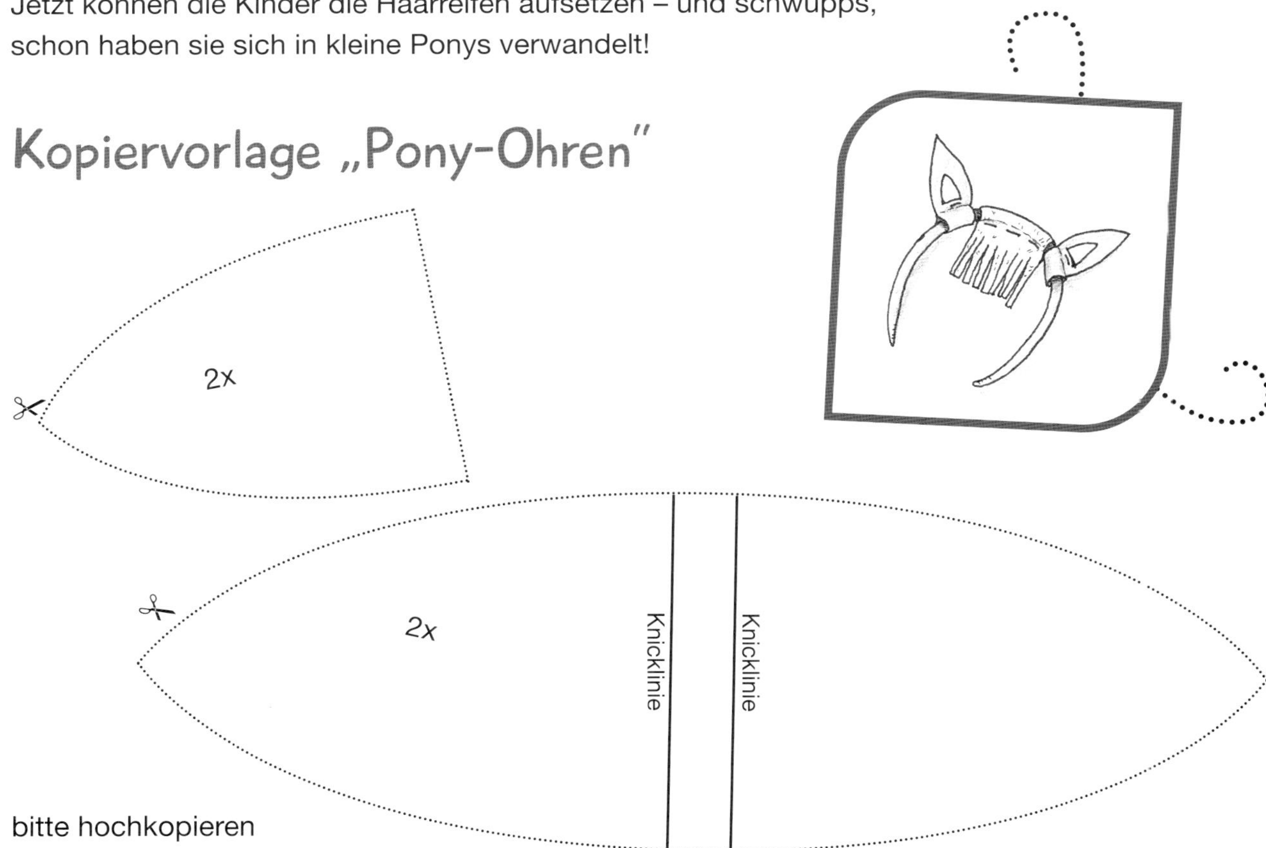

bitte hochkopieren

Unsere kleine Pferde-Herde

ab 3 Jahren

Material:
Kopiervorlage „Pferde-Schablonen“ (s. u.), Pappe, Bleistift, Tonpapier in verschiedenen „Pferdefarben“ (z. B. hell- und dunkelbraun, schwarz und weiß), Schere, weiße, schwarze und braune Buntstifte, Wolle in Weiß, Braun und Schwarz, Kleber, Schaschlikspieß, dicker Karton

Vorbereitung:
Stellen Sie für die Kinder mehrere Schablonen aus Pappe her. Zunächst überlegt sich jedes Kind, welche Fellfarbe sein Pferd haben soll. Sie können auch vorab einige Pferde basteln, dann haben die Kinder eine bessere Vorstellung davon.

Bastelanleitung:

1. Jedes Kind malt das gleiche Pferd zweimal auf das Tonpapier und schneidet es aus. Jüngere Kinder sollten Sie ggf. dabei unterstützen.
2. Zum Bemalen legen die Kinder die Pferde so vor sich, dass sie in zwei unterschiedliche Richtungen schauen. Nun überlegen sich die Kinder, ob ihr Pferd ein Muster bekommen soll. Vielleicht soll es gescheckt sein? Dazu können sie schwarze oder weiße Flecken auf den Pferdekörper malen.
   Natürlich dürfen auch die Details wie Hufe, Augen, Nüstern und Maul nicht vergessen werden! Vielleicht soll das Pferd auch eine Blesse bekommen?
3. Die Mähne und den Schweif gestalten die Kinder mit Wolle. Dazu suchen sie sich eine Farbe aus und schneiden einige Fäden auf die passende Länge zurecht. Dann kleben sie die Fäden auf die unbemalte Seite einer der Pferdehälften auf. Die Mähne wird dabei so angeklebt, dass die Fäden oben herausschauen.
4. In die Innenseite der einen Pferdehälfte wird ein Schaschlikspieß gelegt. Dann werden beide Hälften mit dem Schaschlikspieß in der Mitte festgeklebt. Bei Bedarf können Sie den Spieß noch kürzen. Die Mähne kann nun zu einer Seite heruntergestrichen werden.
5. Zum Schluss basteln die Kinder den Sockel für ihre Pferde. Dazu stechen sie den Schaschlikspieß in ein kleines Stück dicken Karton. Evtl. müssen dafür zwei Kartonhälften aufeinandergeklebt werden.

Jetzt können die Pferde durch den Raum galoppieren!

Kopiervorlage „Pferde-Schablonen“

Rückseite Bildkarten (1)

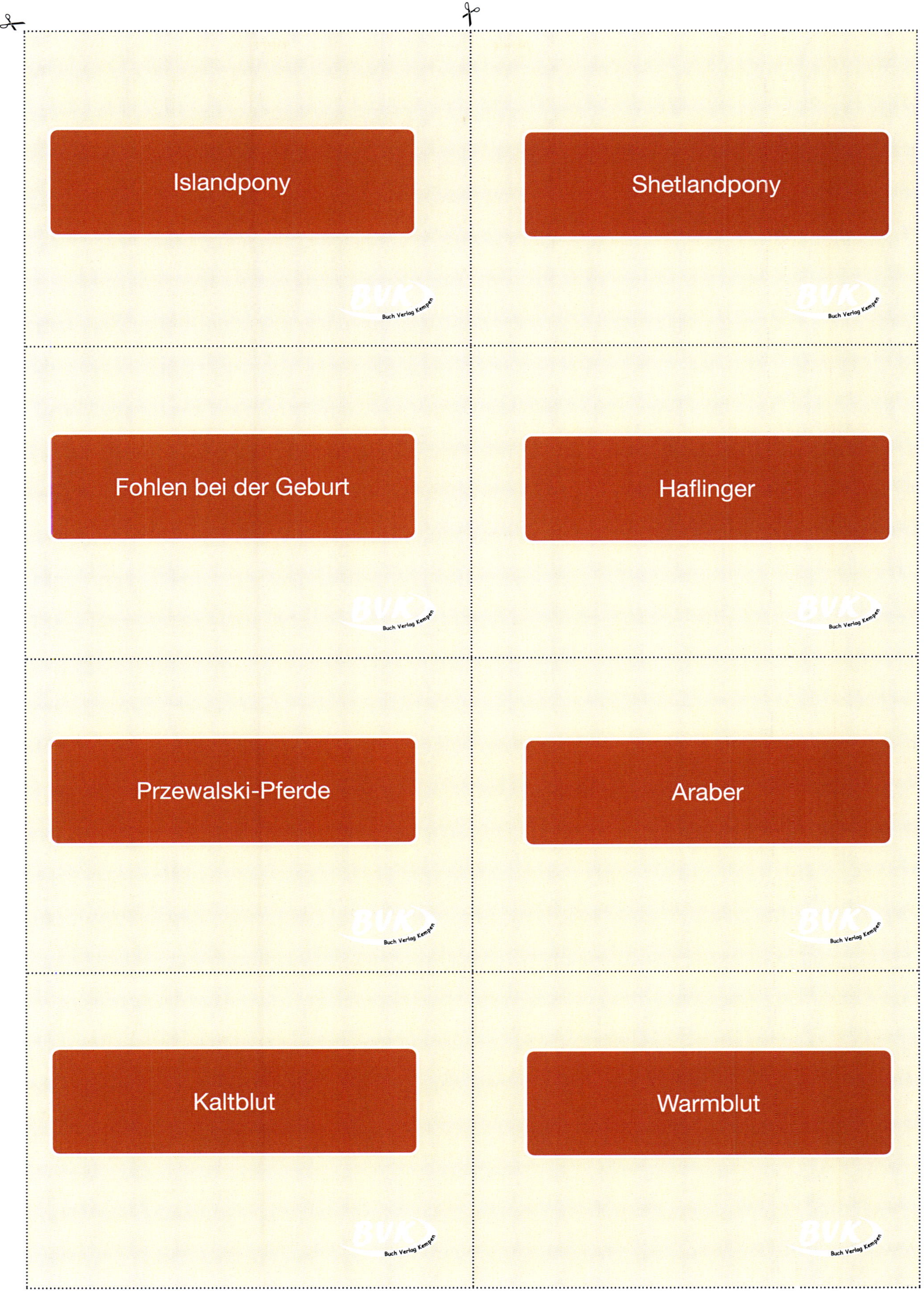

Bildkarten Pferde und Ponys (1)

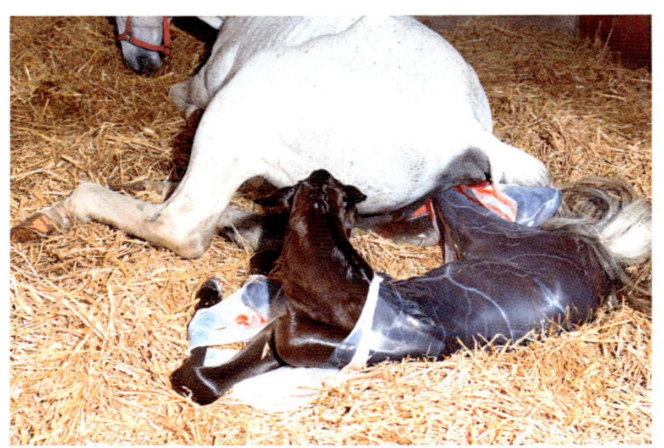

Bildkarten Pferde und Ponys (2)

Rückseite Bildkarten (2)

Was fressen Pferde und Ponys? (1)

ab 3 Jahren

Schneide die Bilder aus. Klebe sie richtig auf.
Was fressen die Ponys? Erzähle.
Male das Bild bunt an.

Was fressen Pferde und Ponys? (2)

ab 3 Jahren

ab 2 Jahren

Das Pferdefutter – mit allen Sinnen

Material:
einige Möhren, Äpfel, 1 Dose Mais, Haferflocken oder Müsli, 1 Salatkopf, Rote Bete (gekocht oder roh), ggf. Gras, Heu oder Stroh (nur zum Tasten und Riechen!), Messer, Schneidebrettchen, Schälchen, Tücher zum Augenverbinden, kleine Karton-Boxen

Vorbereitung:
Waschen Sie das Gemüse bzw. das Obst und schneiden Sie einige Möhren, Äpfel und Rote Bete in kleine Stücke. Verteilen Sie die Nahrungsmittel in unterschiedliche Schälchen zum Probieren. Zum Fühlen und Riechen können Sie die Lebensmittel sowie ggf. etwas Gras, Heu und/oder Stroh in kleine Karton-Boxen füllen.

Spielanleitung:
Jedes Kind sucht sich einen Partner. Ein Kind schlüpft in die Rolle des Ponys und ihm werden die Augen verbunden. Das andere Kind lässt es nun das Pferdefutter erraten. Dabei sind verschiedene Varianten möglich: Die Kinder können die Dinge erst ertasten, dann daran riechen und zum Schluss probieren, ob sie mit ihrer Vermutung richtig lagen. Oder es kann auch erst eine Schmeck- und anschließend eine Riech- und / oder Tastrunde eingelegt werden.

Hat das Kind alle Futtermittel erraten? Dann werden die Rollen getauscht.

Salat mit Möhren und Äpfeln

ab 3 Jahren

Zutaten:
700 g Möhren, 6 große Äpfel, 1 Zitrone, Honig

Arbeitsmittel:
Sparschäler, Messer, Schneidbrettchen, 1 Küchenreibe, 1 große Schüssel, 1 kleine Schüssel, 1 Zitronenpresse, 1 Esslöffel

Zubereitung:
Die Kinder schälen die Möhren und Äpfel mit dem Sparschäler. Anschließend werden die Äpfel mit dem Messer entkernt, mit der Reibe geraspelt und in die große Schüssel gegeben.
In der kleinen Schüssel können die Kinder nun das Dressing anrühren: Dazu pressen sie die Zitrone aus und vermischen drei Esslöffel des Zitronensafts mit der gleichen Menge Honig.
Nun noch das Dressing unterrühren und die Kinder können sich den gesunden Pferdesnack schmecken lassen!

ab 3 Jahren

Leckerlis für Pferde und Ponys

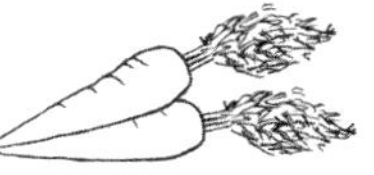

Zutaten:
1 große Karotte, ca. 250 g Haferflocken, ca. 100 ml Karottensaft (ungesüßt)

Arbeitsmittel:
1 Gemüsereibe, 1 Schüssel, 1 Esslöffel, Backpapier, Backblech, Backofen

Zubereitung:
1. Die Karotte wird geraspelt und mit den Haferflocken in der Schüssel vermischt.
2. Nach und nach wird nun löffelweise der Karottensaft hinzugegeben und verknetet.
3. Der Teig sollte weder zu trocken noch zu nass sein. Um die richtige Mischung zu erreichen, können zusätzliche Haferflocken oder noch etwas Saft hinzugegeben werden.
   Der fertige Teig sollte leicht klebrig sein.
4. Mit feuchten Händen formen die Kinder nun aus dem Teig kleine Kugeln oder Fladen und legen sie auf das mit Backpapier ausgelegte Backblech.
5. Im vorgeheizten Backofen bei 180 °C müssen die Leckerlis 30 bis 60 Minuten backen. Wenn sie trocken sind, sind sie fertig.

Ehe die Pferde davon naschen dürfen, sollten die Leckerlis noch mindestens einen Tag lang an der Luft trocknen. So sind sie besser bekömmlich. Da die Leckerlis nur einige Tage haltbar sind, sollten sie kurz vor einem Besuch im Ponystall hergestellt werden.
Achtung: Sprechen Sie sich vorher mit den Inhabern des Stalls ab, ob Sie die Leckerlis verfüttern dürfen!

Ein Fohlen kommt zur Welt (1)

ab 2 Jahren

Maja und Nick machen Ferien bei ihrer Tante Maggie. Sie wohnt in einem Haus mit riesengroßem Garten und vielen Tieren. Und mit Lotti, dem kleinen Shetlandpony.

Lotti ist Majas und Nicks absolutes Lieblingstier. Doch mit Lotti ist in diesen Ferien kaum etwas anzufangen. Sobald Maja mit ihr spazieren gehen möchte, stemmt sich das kleine Pony fest in den Boden. Es hilft nichts: Lotti bewegt sich kein Stück. Warum ist sie plötzlich nur so faul und störrisch? Und dick geworden ist sie auch!

„Hat Lotti zu viel Gras gefressen?“, fragen die Kinder ihre Tante beim Abendessen. Tante Maggie schüttelt den Kopf. „Lotti hat gerade tatsächlich einen Riesenhunger. Das liegt aber daran, dass in ihrem Bauch ein Fohlen ist. Das wächst und wächst.“

„Oh …“ Maja und Nick sind für einen kurzen Moment sprachlos. Doch dann hüpfen sie jubelnd durch den Raum: „Juchhuuu, Lotti bekommt ein Fohlen! Wann kommt es denn zur Welt? Und wie wird es wohl aussehen?“
„Das wissen wir noch nicht genau“, lacht Tante Maggie. „Aber wahrscheinlich dauert es gar nicht mehr lange, bis es geboren wird.“

In den nächsten Tagen kümmern sich Nick und Maja besonders gut um Lotti. Als sie ihr an einem Abend gute Nacht sagen wollen, liegt die Stute im Stroh. Ihr Fell ist ganz nassgeschwitzt und ihr Bauch zuckt. Die Kinder laufen schnell los und holen ihre Tante. „Ich glaube, das Fohlen kommt,“ meint Tante Maggie. „Ihr könnt gerne zuschauen. Aber ihr müsst ganz leise sein, okay?“ Nick und Maja nicken. Sie sind ganz aufgeregt.

Lottis dicker runder Bauch zuckt wieder und wieder. Zwei kleine weiße Hufe kommen zum Vorschein. Lottis Bauch zuckt weiter. Gebannt schauen Nick und Maja zu. Jetzt sind auch schon zwei Beine zu sehen. Schließlich kommt eine kleine Ponynase hervor. Und mit einem großen „Platsch!“ flutscht plötzlich das ganze Fohlen aus Lotti heraus. Es ist eingehüllt in eine weiße Haut, die Lotti geschickt abknabbert.

Ein Fohlen kommt zur Welt (2)

ab 2 Jahren

Das Fohlen ist noch ganz nass und strubbelig. Lotti leckt es trocken und beschnuppert es. Dann steht die Stute auf. Das Fohlen versucht, auch aufzustehen – doch das ist gar nicht so einfach! Immer wieder plumpst es zurück ins Stroh. Doch dann ist es endlich geschafft! Auf seinen langen Beinen macht es die ersten Schritte. Das sieht noch ziemlich wacklig aus! Zielstrebig steuert es auf Lottis Euter zu – und beginnt, die leckere Milch zu trinken.

„Ist das süüüß!", flüstert Maja. „Ja, wirklich!" Tante Maggie strahlt. „Wisst ihr was? Wenn ihr mögt, könnt ihr euch einen Namen für das Fohlen überlegen."
„Hm … vielleicht Flocki?", schlägt Nick vor. „Denn es hat einen weißen Punkt auf der Stirn – wie eine Schneeflocke."

Ganz gespannt schauen die drei zu, wie Flocki sich müde ins Stroh kuschelt. Schon morgen wird es zusammen mit seiner Mutter über die Weide springen. Doch nun muss Flocki sich erst einmal von der Geburt ausruhen.

Gute Nacht, kleines Fohlen!

Nach dem Vorlesen der Geschichte können Sie sich mit den Kindern die Bildkarten von den Fohlen aus der Heftmitte anschauen. Die Kinder können spontan ihre Gedanken dazu äußern und ggf. Fragen zur Geburt des Fohlens stellen. Dabei können Sie mit ihnen ins Gespräch kommen:

- „Wie heißen die Mutter und der Vater des Fohlens?" *(Stute und Hengst)*
- „Was glaubt ihr: Warum kann das Fohlen schon kurz nach der Geburt stehen und laufen?" *(Damit es in der Natur vor Feinden flüchten kann – Pferde sind Fluchttiere.)*
- „Warum beschnuppert die Mama das Fohlen und leckt es ab?" *(So lernen sie sich kennen und merken sich den Geruch.)*
- „Was trinkt das Fohlen?" *(Milch)*
- …

Stute und Fohlen

ab 3 Jahren

Male gleiche Formen in der gleichen Farbe an.

△ = , ○ = , □ = , ☆ =

Wildpferde in der Steppe (1)

Material:
Bildkarte „Przewalski-Pferde“ aus der Heftmitte, 1 Wäscheklammer, 1 kleines Tuch, 1 großes blaues Tuch, Schal, Decke o. Ä.

Vorbereitung:
Falten Sie das blaue Tuch so, dass ein möglichst langes, schmales Band (= Fluss) entsteht. Legen Sie dieses ans Ende des Bewegungsraumes.

Spielanleitung:
Versammeln Sie die Kinder im Kreis. Zeigen Sie ihnen die Bildkarte von den Przewalski-Pferden (sprich: Pschewalski). Lassen Sie die Kinder beschreiben, wie die Pferde aussehen. Bestimmt entdecken sie die ein oder andere Besonderheit, wie zum Beispiel die Stehmähne, die weiße Markierung um die Nüstern herum, den schwarzen Strich (Aalstrich) auf dem Rücken oder die schwarzen Beine.

Erzählen Sie:
Wildpferde sind nicht in einem Stall oder einer eingezäunten Weide zu Hause, denn sie leben in der freien Natur. Früher gab es viele Wildpferde. In Herden streiften sie über weite Grasflächen. Heute sind Wildpferde sehr selten geworden. Doch an manchen Orten gibt es sie noch.
Wie die Wildpferde leben, wollen wir nun in einem kleinen Spiel herausfinden:

Text	**Bewegung**
Stellt euch dazu erst einmal aufrecht hin. Reckt und streckt euch und werdet ganz wach und munter.	*Die Kinder recken und strecken sich.*
Stellt euch vor, ihr seid ein kleines, starkes Wildpferd. Ihr habt ein dichtes, braunes Fell und kräftige Beine.	*Die Kinder stampfen auf den Boden.*
Ihr lebt in einer Herde, die immer zusammen-bleibt. Eine Stute ist die Leitstute. Sie führt die Herde an und zeigt ihr den Weg.	*Einem Kind wird mit der Wäscheklammer das kleine Tuch an den Rücken geklammert.*
Langsam zieht ihr nun mit der Herde über die weite Steppe.	*Die Kinder wandern durch den Raum, die „Leitstute“ geht immer voran.*
Merkt ihr, wie euer Magen knurrt? Jetzt ist es Zeit für eine kleine Mahlzeit. Zum Glück gibt es hier jede Menge leckeres Gras!	*Die Kinder bleiben stehen, lassen sich auf alle Viere nieder, tun so, als ob sie „grasen“ würden. Dabei krabbeln sie immer wieder ein kleines Stückchen weiter.*

Wildpferde in der Steppe (2)

ab 2 Jahren

Nach dieser leckeren Mahlzeit seid ihr ganz schön durstig geworden. Die Leitstute führt euch zu einem kleinen Bach.	*Die Kinder stehen auf, folgen der Leitstute zu dem blauen Tuch.*
Durstig beginnt ihr zu trinken. Das Wasser ist frisch und klar.	*Die Kinder beugen sich zum Tuch herunter und tun, als würden sie „trinken“.*
Doch was ist das? Aus dem Gebüsch ragen zwei spitze Ohren hervor.	*Die Kinder horchen und schauen sich aufmerksam um.*
Vielleicht gehören sie zu einem Wolf? Oder einem Puma? Bringt euch schnell in Sicherheit!	*Die Kinder „galoppieren“ schnell ans andere Ende des Raumes.*
Puh, nach all der Aufregung ist es nun höchste Zeit für ein bisschen Entspannung. Sucht euch einen Pferdepartner. Stellt euch gegenüber und gebt euch mit euren Zähnen im Nacken eine kleine Massage.	*Die Kinder stellen sich gegenüber, strecken eine Hand aus und massieren sich gegenseitig ganz sacht den Nacken.*
Langsam werdet ihr müde. Ihr schließt eure Augen und döst ein wenig vor euch hin.	*Die Kinder schließen die Augen und stellen einen Fuß auf den Fußrücken.*
Nach einiger Zeit werdet ihr wieder munter. Ihr öffnet eure Augen und verwandelt euch wieder in euch selbst.	*Die Kinder öffnen ihre Augen.*

Stute, Hengst und Fohlen

ab 4 Jahren

Material:

Kopiervorlage „Stute, Hengst und Fohlen“ (s. u.), Buntstifte, Schere, Kreppklebeband

Vorbereitung:

Kopieren Sie die Kopiervorlage so oft, dass jedes Kind beim Spiel eine Karte erhalten kann. Malen Sie nun die Pferde in unterschiedlichen Farben an und schneiden Sie die Karten aus. Zeigen Sie den Kindern vorab die Bilder und besprechen Sie, wie die verschiedenen Mitglieder der Pferdefamilie heißen.

Spielanleitung:

Jedes Kind zieht eine Karte. Die Karten werden gut sichtbar mit Kreppklebeband ans T-Shirt geklebt. Nun bilden alle einen Kreis. Jedes Kind stellt sich reihum einmal kurz vor, zum Beispiel: „Ich bin ein schwarzes Fohlen.“ oder „Ich bin ein weißer Hengst.“

Dann kann das Spiel starten. Stellen Sie sich in die Mitte des Kreises und rufen Sie ein Kommando, das die Kinder dann ausführen, wie zum Beispiel:

- „Alle Fohlen traben in die Mitte.“
- „Die Stuten und Hengste wechseln die Plätze.“
- „Alle braunen Pferde galoppieren um den Kreis herum.“
- „Bildet Pferdefamilien von Stute, Hengst und Fohlen.“

Entsprechend der Zusammensetzung der Kinder Ihrer Gruppe können Sie das Spiel einfacher oder auch etwas anspruchsvoller gestalten.

Kopiervorlage „Stute, Hengst und Fohlen“

Es klappern die Hufe

ab 3 Jahren

Melodie: Es klappert die Mühle am rauschenden Bach
Melodie: traditionell, Text: Teresa Zabori

1. Es klap-pern die Hu-fe den Dorf-weg hi-nab, klapp, klapp. Das Pferd-chen, das fällt in den

flot - ten Trab, klapp, klapp. Wir trei-ben es an und las - sen es lau- fen, mun - ter

und fröh-lich, ganz o-hne Ver-schnau - fen. Klapp klapp, klapp klapp, klapp klapp!

2. Nun reiten wir über das Feld ganz geschwind, klapp, klapp.
Der Schweif und die Mähne, die flattern im Wind, klapp, klapp.
Wir lieben das Reiten und fühlen uns frei
und jagen geschwind über die Erde – juchhei!
Klapp klapp, klapp klapp, klapp klapp!

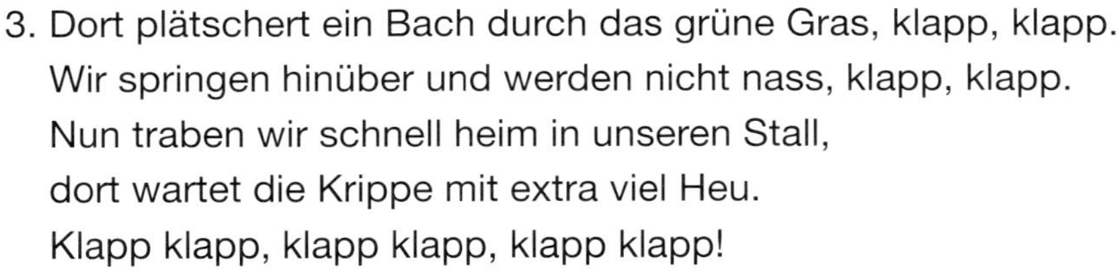

3. Dort plätschert ein Bach durch das grüne Gras, klapp, klapp.
Wir springen hinüber und werden nicht nass, klapp, klapp.
Nun traben wir schnell heim in unseren Stall,
dort wartet die Krippe mit extra viel Heu.
Klapp klapp, klapp klapp, klapp klapp!

Vorbereitung:

Probieren Sie mit den Kindern aus, wie sie das Klappern der Hufe akustisch umsetzen können. Dazu können die Kinder zum Beispiel in die Hände klatschen, mit Nüssen auf den Tisch klopfen oder Klanghölzer gegeneinanderschlagen.

Spielanleitung:

Singen Sie das Lied einmal vor und üben Sie dann mit den Kindern die Strophen gemeinsam. Bei „klapp klapp“ kommen die Instrumente zum Einsatz. Ein Teil der Kinder kann sich auch passend zum Lied bewegen, während die anderen singen und die Instrumente spielen.

Hufeisen-Kekse

ab 2 Jahren

Zutaten:

125 g Butter oder Margarine, 125 g Zucker, 1 Päckchen Vanillezucker, 1 Ei, Salz, 250 g Mehl, 60 g gehackte Haselnüsse, Wasser, 1 Zitrone, 100 g Puderzucker, Zuckerperlen

Arbeitsmittel:

1 Küchenwaage, 1 kleiner Topf, 1 Herd, 1 Schneebesen,1 große Schüssel, Frischhaltefolie, Kühlschrank, Backpapier, mehrere Backbleche, Esslöffel, Backofen, 1 kleines Schälchen, 1 Messer, Zitronenpresse, Pinsel

Zubereitung:

1. Lassen Sie die Butter bzw. Margarine im Topf schmelzen. Die Kinder geben den Zucker und Vanillezucker hinein und rühren diesen mit dem Schneebesen unter. Dann wird das Ei und eine Prise Salz hinzugegeben. Alles wird gut miteinander verrührt.
2. Anschließend füllen Sie mit den Kindern das Mehl und die Haselnüsse in die große Schüssel und geben das Buttergemisch dazu. Jetzt heißt es: Ärmel hochkrempeln und kräftig kneten! Falls der Teig zu trocken ist, können Sie noch ein wenig Wasser hinzufügen.
   Kneten Sie so lange, bis alle Zutaten zu einem glatten Teig miteinander vermischt sind.
3. Formen Sie nun den Teig zu einer Kugel. Diese wird mit Frischhaltefolie umwickelt und für ein bis zwei Stunden in den Kühlschrank gelegt.
4. Auf einer mit Mehl bestäubten Fläche können die Kinder nun die Hufeisen formen.
   Dazu erhält jedes Kind einen kleinen Klumpen Teig, den es noch einmal gut durchknetet und anschließend zu einer langen Wurst rollt. Die Wurst legt es vor sich auf den Tisch und formt daraus ein (oder mehrere) Hufeisen. Mit der Hand werden die Hufeisen anschließend plattgedrückt und auf die mit Backpapier ausgelegten Bleche gelegt.
   Mit dem Ende des Löffels stechen die Kinder wie beim echten Hufeisen Einkerbungen für die Nägel hinein.
5. Heizen Sie den Backofen auf 180 °C (Ober- und Unterhitze) vor und lassen Sie die Kekse etwa 15 Minuten backen, bis sie knusprig braun sind.
6. In der Zwischenzeit können Sie mit den Kindern den Zuckerguss in dem kleinen Schälchen anrühren. Pressen Sie dazu die Zitrone aus und vermischen Sie den Puderzucker mit zwei Esslöffeln Zitronensaft.
7. Wenn die Hufeisen abgekühlt sind, können die Kinder sie mit einem Pinsel mit dem Zuckerguss bestreichen und mit den bunten Zuckerperlen verzieren.

Und dann: Guten Appetit!

Achtung: Bitte achten Sie auf eventuelle Lebensmittelunverträglichkeiten der Kinder!

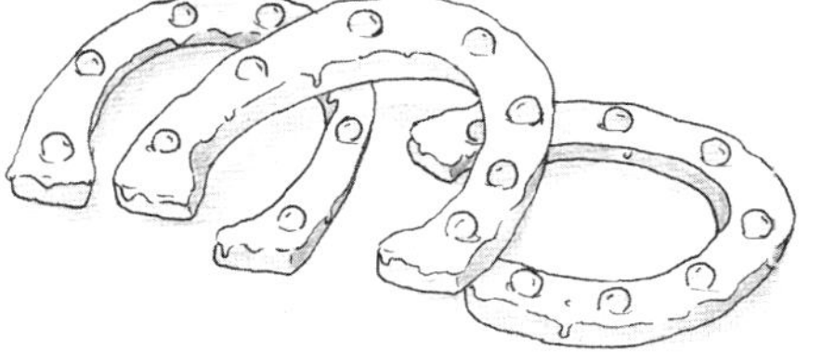

Das Pony-Turnier (1)

ab 2 Jahren

Material:

Für die Pferdeleinen: lange Springseile

Für die Turnierschleifen und die Hufeisen: Kopiervorlage „Turnierschleifen und Hufeisen" (s. S. 34), ggf. farbiger Karton, Schere, Buntstifte, Pappe, Kleber, Sicherheitsnadeln, Klebeband, ggf. breite Stoffbänder und Tacker

Für die Spiele: Pylonen, ggf. Esslöffel und Tischtennisbälle, lange Stöcke, ggf. Acrylfarben und Pinsel, 1 großes blaues Tuch, alte Zeitungen, große Joghurtbecher bzw. kleine Kartons, 1 großer Korb, Gymnastik-Reifen, ggf. Smartphone

Vorbereitung:

Für jedes Kind wird eine Turnierschleife (s. S. 34) gebastelt. Kopieren Sie dazu die Vorlage ggf. auf farbigen Karton und malen sie diese an. Anschließend werden die Turnierschleifen ausgeschnitten. Befestigen Sie ggf. an der Pappe eine Sicherheitsnadel mit Klebeband, sodass die Schleifen angesteckt werden können. Die herabhängenden Streifen aus Papier können Sie auch abschneiden und durch breite Stoffbänder ersetzen, die an den Rosetten festgetackert werden.

Mit der Hufeisen-Vorlage (s. S. 34) werden mehrere Hufeisen gebastelt. Dafür wird die Vorlage mehrfach kopiert (ggf. auf farblich passenden Karton oder sie werden angemalt), auf Pappe geklebt und ausgeschnitten.

Bauen Sie einen Parcours mit verschiedenen Stationen auf:

- **Slalomparcours:** Die Pylonen werden mit etwas Abstand in einer Linie hintereinander aufgestellt. Die Reiterpaare umrunden diese im Slalom.
  Variante: Während des Slaloms transportieren die Reiter*innen einen Tischtennisball auf einem Esslöffel.
- **Wassergraben:** Das Tuch wird auf der Wiese ausgebreitet und von dem Pony- und Reiterpaar gemeinsam übersprungen.
  Achtung: Da das gemeinsame Springen nicht ganz so einfach ist, sollte der Wassergraben recht schmal sein!
- **Hindernisse:** Einige lange, evtl. mit Acrylfarben im Streifenmuster bemalte Stöcke werden mit kleinem Abstand hintereinandergelegt. Gelingt es den Reiterpaaren, locker darüberzutraben, ohne die Stöcke zu berühren?
  Für Sprunghindernisse werden alte Zeitungen zu langen Rollen gedreht und auf die Joghurtbecher oder kleinen Kartons gelegt.
- **Hufeisen werfen:** Stellen Sie den Korb auf und markieren Sie in einigem Abstand eine Wurflinie (z. B. mit einem der Stöcke). Schaffen die Reiter*innen es, die Hufeisen von dieser Markierung aus in den Korb zu werfen?
- **Reifenspringen:** Legen Sie einige Reifen mit einem kleinen Abstand in einem Zick-Zack-Muster hintereinander. Gemeinsam müssen die Ponys und Reiter*innen von einem zum nächsten Reifen hüpfen.

Das Pony-Turnier (2)

ab 2 Jahren

Spielanleitung:

Immer zwei Kinder bilden ein Pony- und Reiterpaar. Teilen Sie die Paare in verschiedene Altersgruppen auf, in denen sie den Parcours absolvieren. Abgestimmt auf das Alter der Kinder können Sie die einzelnen Stationen auch leicht variieren bzw. einfacher oder schwieriger gestalten.

Wie die echten Reiter können die Kinder vorab den Parcours einmal abgehen. Schauen Sie sich mit ihnen die Hindernisse an und erklären Sie, was an den einzelnen Stationen zu tun ist. Wer mag, kann auch einmal bei jeder Station einen kleinen Testdurchgang machen.

Danach finden sich die Pony- und Reiterpaare zusammen. Die Ponys nehmen die Enden der Springseile in die Hände. Das Pony kann hier auch selbstgebastelte Pony-Ohren tragen (s. S. 15). Die Reiter*innen ergreifen die Zügel. Nacheinander legen die Kinder den Parcours in ihrem eigenen Tempo zurück.

Anschließend stellen sie sich hinter die anderen Paare, um dann später in einer zweiten Runde den Parcours noch einmal mit getauschten Rollen zu durchqueren.

Haben alle Reiter*innen und Ponys den Parcours erfolgreich absolviert? Dann findet zum Abschluss die feierliche Preisverleihung statt. Dazu werden die Reiterpaare einer Altersgruppe nacheinander aufgerufen. Sie traben in die Mitte und stellen sich in einer langen Reihe nebeneinander auf. Dort wird allen Ponys und Reiter*innen eine Turnierschleife angesteckt. Anschließend galoppieren alle noch eine Ehrenrunde.

Tipp:

Wenn Sie mögen, können Sie dazu feierliche Militätmusik einspielen, zum Beispiel den *Radetzky Marsch* von Johann Strauss oder *Olympic Fanfare and Theme* von John Williams.

Kopiervorlage „Turnierschleifen und Hufeisen"

ab 2 Jahren

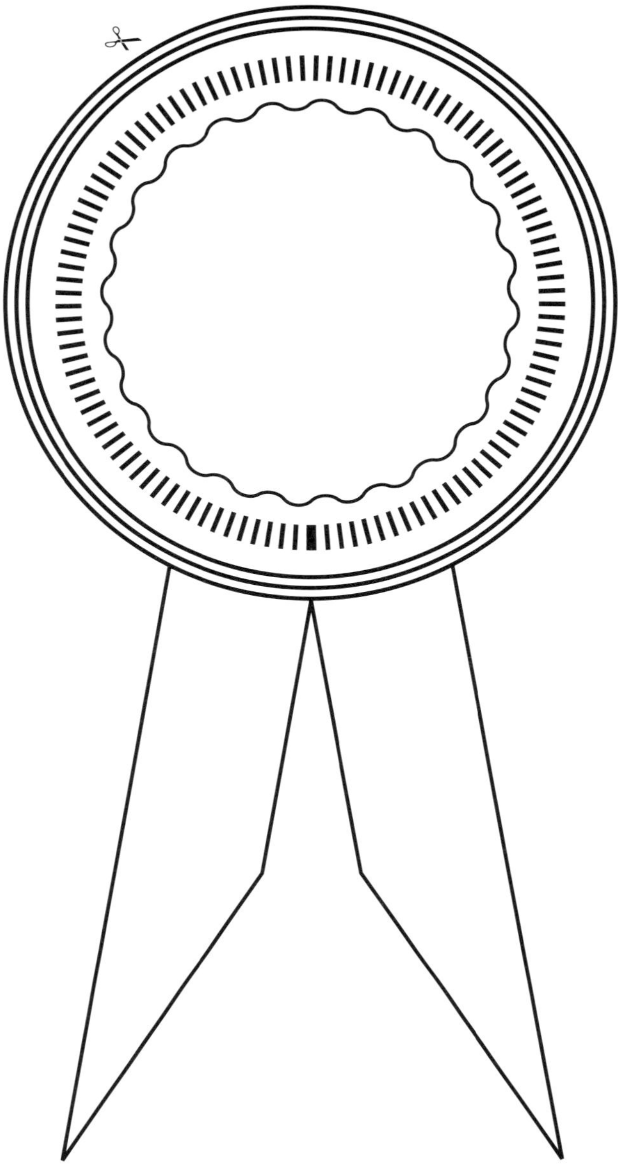

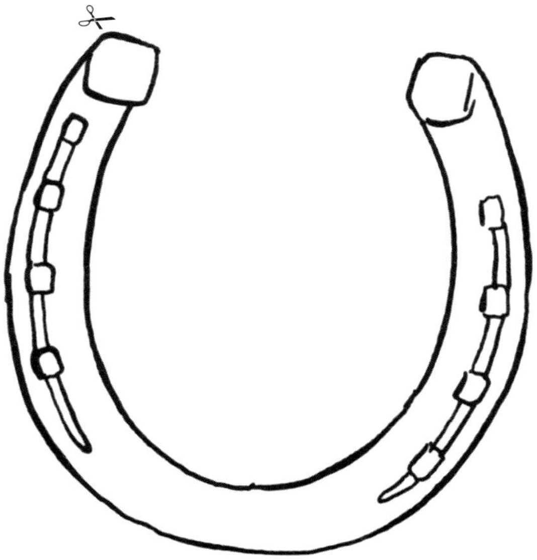

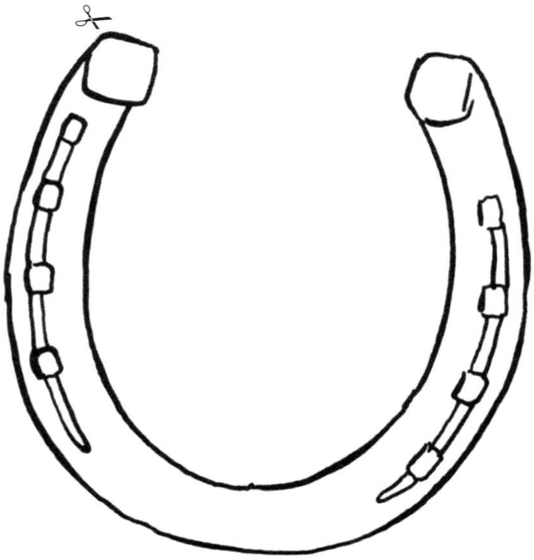

Pferde- und Ponyfest

Aus folgenden Angeboten kann ein Pferde- und Ponyfest gestaltet werden.

Einladung:

Kopiervorlage „Einladung zum Pferde- und Ponyfest“ (s. S. 36):
Die Löcher können mit einem Locher ausgestanzt werden.
Anschließend können die beiden Stalltüren mit einer Schnur verschlossen werden.

Dekoration:

Pony-Ohren (s. S. 15)
Pferde-Herde (s. S. 16)

Verpflegung:

Hufeisen-Kekse (s. S. 31)
Salat mit Möhren und Äpfeln (s. S. 23)

Vorführung:

- **„Pferde- und Pony-Quiz" (s. S. 8):**
  Bereiten Sie gemeinsam mit den Kindern ein kleines Pferde- und Pony-Quiz für die Eltern vor. Alle Dinge, die die Kinder im Laufe des Projektes über Pferde und Ponys gelernt haben, können hier „abgefragt“ werden. Auch die Bildkarten und Kopiervorlagen können bei dem Quiz zum Einsatz kommen.

- **„Es klappern die Hufe" (s. S. 30):**
  Sie und die Kinder singen gemeinsam das Lied und untermalen die Vorführung mit den Instrumenten. Dabei kann aufgeteilt werden, welche Kinder singen und welche die Instrumente spielen. Einige Kinder können auch passend zum Lied eine kleine Aufführung einüben, indem sie den Ausritt nachspielen. Hierfür können sich die Kinder Pony-Ohren basteln (s. S. 15).

- **„Das Pony-Turnier" (s. S. 32 – 33):**
  Das Pony-Turnier wird von den Kindern vorgeführt. Bei der Preisverleihung stecken dann die Eltern ihren Kindern die Turnierschleifen an. Falls die Erwachsenen Lust haben, können sie auch an den verschiedenen Stationen mitmachen.

- **„Ein Pony zu Besuch":**
  Der Höhepunkt des Festes wäre natürlich, wenn ein oder mehrere „echte“ Pony(s) zu dem Fest zu Besuch kommen könnte(n), auf dem die Kinder ggf. eine Runde reiten dürfen. Wichtig ist dabei, das nur mit erfahrenen Ponys durchzuführen und immer alle Sicherheitsaspekte im Auge zu behalten.

Kopiervorlage „Einladung zum Pferde und Ponyfest"

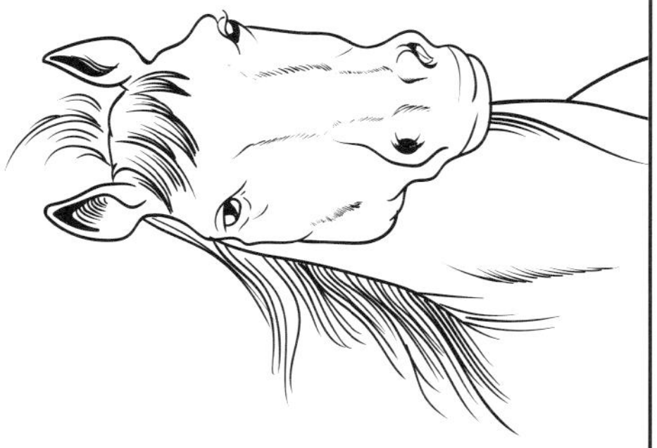

Einladung zum Pferde- und Ponyfest

Liebe Familie ________________!

Wir laden Sie herzlich zu unserem Fest mit vielen Aktionen rund um Pferde und Ponys ein.

Wann? ________________

Wo? ________________